BEI GRIN MACHT SICH IHR WISSEN BEZAHLT

Badir Bayramov

Buchrezension zu: Schmidt, Manfred / Zohlnhöfer, R. (Hrsg.) (2006) Regieren in Deutschland. Innen- und Außenpolitik seit 1949, VS Verlag

GRIN Verlag

Bibliografische Information der Deutschen Nationalbibliothek:

Die Deutsche Bibliothek verzeichnet diese Publikation in der Deutschen National-
bibliografie; detaillierte bibliografische Daten sind im Internet über http://dnb.d-
nb.de/ abrufbar.

Impressum:

Copyright © 2011 GRIN Verlag GmbH
Druck und Bindung: Books on Demand GmbH, Norderstedt Germany
ISBN: 978-3-656-05231-9

Dieses Buch bei GRIN:

http://www.grin.com/de/e-book/181917/buchrezension-zu-schmidt-manfred-
zohlnhoefer-r-hrsg-2006-regieren

GRIN - Your knowledge has value

Der GRIN Verlag publiziert seit 1998 wissenschaftliche Arbeiten von Studenten, Hochschullehrern und anderen Akademikern als eBook und gedrucktes Buch. Die Verlagswebsite www.grin.com ist die ideale Plattform zur Veröffentlichung von Hausarbeiten, Abschlussarbeiten, wissenschaftlichen Aufsätzen, Dissertationen und Fachbüchern.

Besuchen Sie uns im Internet:

http://www.grin.com/

http://www.facebook.com/grincom

http://www.twitter.com/grin_com

Universität Potsdam

Wirtschafts- und Sozialwissenschaftliche Fakultät

Professur für Politik und Regieren in Deutschland und Europa

Sommersemester 2010/11 01.10.2011

Buchrezension

Regieren in der Bundesrepublik Deutschland.

Innen- und Außenpolitik seit 1949

Rezension zum Seminar
„Das politische System der BRD im europäischen Kontext"
im Sommersemester 2011

Eingerichtet von:

Badir Bayramov   2. Semester Politik und Verwaltung

Buchrezension Regieren in Deutschland.
Innen- und Außenpolitik seit 1949

(Schmidt, Manfred / Zohlnhöfer, R. (Hrsg.) (2006) Regieren in Deutschland. Innen-
und Außenpolitik seit 1949, VS Verlag)

Lehrwerke über das politische System der Bundesrepublik Deutschland
wählten bisher zumeist eine verfassungsinstitutionelle Darstellungsweise. Der Band
„Regieren in der Bundesrepublik Deutschland" von Prof. Dr. Manfred G. Schmidt und
Dr. Reimut Zohlnhöfer schlägt durch „die systematische Analyse von Politikfeldern,
die Berücksichtigung der Innen- und Außenpolitik und die Untersuchung der
Zusammenhänge zwischen den Inhalten und Ergebnissen der Politik einerseits und
den politischen Institutionen und Abläufen andererseits (Schmidt/Zohlnhöfer 2006,
S.9)" einen anderen Weg ein. Die typischen Politikmuster werden herausgearbeitet
und ihre Veränderungen zwischen Gründungsphase und dem Jetzt dokumentiert.
Jedes der einzelnen Kapitel beleuchtet Kontinuität und Diskontinuität der
Willensbildung und politischen Inhalte und dem Wirken von Regierung und
Opposition unter Berücksichtigung des Parteienwettbewerbs. Die Zeit ab 1949 ist
geprägt von der europäischen Integration und deshalb wird auch die Bedeutung
dieses Bereiches für die Politik Deutschlands behandelt.

Die beiden Politikwissenschaftler Schmidt und Zohlnhöfer unterrichten an der
Universität Heidelberg. Sie sind Kenner ihres Fachs. Prof. Manfred G. Schmidt zählt
zu den bedeutendsten Politikwissenschaftlern Deutschlands. Neben „Regieren in der
Bundesrepublik Deutschland" ist Schmidt Verfasser weiterer Standardwerke, unter
anderem „Demokratietheorien" mittlerweile in der 5. Auflage, „Das politische System
Deutschlands" und „Wörterbuch zur Politik" 2010 in der 3. Auflage. Dr. Reimut
Zohlnhöfer leitet die Professur für International vergleichende Politikfeldanalyse an
der Universität Heidelberg. Neben Lehrtätigkeiten in Bremen und Bamberg, forschte
Dr. Zohlnhöfer am Minda de Gunzburg Center for European Studies in Harvard. 2011
veröffentlichte Dr. Zohlnhöfer zusammen mit Kathrin Dümig den Band „Politik und
Wirtschaft".

Die beiden Herausgeber verfassten das erste Kapitel selbst und leiten mit
ihrer Analyse der Rahmenbedingungen politischer Willensbildung und
Entscheidungsprozesse in den Band ein. Das Kapitel erläutert die Spielregeln und
Handlungskorridore, die die Politik in Deutschland seit 1949 bestimmt haben. Die

Autoren berücksichtigen dabei insbesondere die „eigentümliche institutionelle Konfiguration, die Regieren in Deutschland zu einem besonders aufwändigen, meist mit hohen Entscheidungskosten verknüpften Unterfangen macht (Schmidt/Zohlnhöfer 2006, S.9)".

Die 22 weiteren Einzelbeiträge umfassen vier Themenbereiche. Zuerst untersucht der Band die klassischen Politikfelder. Prof. Dr. Andreas Busch, lange Jahre Mitarbeiter an der Oxford Universität und seit 2008 Lehrstuhlinhaber für Vergleichende Politikwissenschaft und Politische Ökonomie an der Universität Göttingen beginnt mit deutscher Verfassungspolitik und behandelt die Entwicklung des Grundgesetzes und ihre Reformen, die Verfassungspolitik im Hinblick auf ihren Einfluss auf politische Spielregeln, Bund-Länder Verhältnisse und plebiszitäre Elemente. Die Analyse deutscher Verfassungspolitik macht deutlich, dass die große Konstante der letzten 60 Jahre „die Austarierung der Macht- und Kompetenzverteilung im föderalen System (Schmidt/Zohlnhöfer 2006, S. 53)" ist. Prof. Dr. Uwe Wagschal, Inhaber des Lehrstuhls für Vergleichende Regierungslehre an der Universität Freiburg fährt mit der Untersuchung politischer Steuerung durch die finanziellen Ressourcen des Staates fort. Prof. Wagschal stellt fest, dass sich seit der Politik des „mittleren Weges", der geprägt war durch eine relativ solide Haushaltsführung, eine negative Tendenz offenbart, die vor allem im Hinblick auf die alternde Gesellschaft und hohe Kosten für die Sozialversicherung schwierige Fragen für die Zukunftsfähigkeit Deutschlands aufwirft.

Ein weiteres klassisches Politikfeld ist die Innere Sicherheit. Prof. Dr. Hans-Jürgen Lange, Lehrstuhlinhaber der Politikwissenschaft an der Fakultät für Kulturreflexion der Universität Witten/Herdecke wählt, im Gegensatz zur institutionsanalytischen Vorgehensweise, die Politikfeldanalyse um das Politikfeld Innere Sicherheit zu untersuchen. Gerade im Hinblick auf die fortschreitende Europäisierung und Internationalisierung kommt Prof. Lange zum Schluss, dass das System Innerer Sicherheit neu gewichtet wird, dies aber im Zusammenhang mit rechtsstaatlichen und demokratischen Standards passieren muss.

Den Bereich der klassischen Politikfelder schließt Dr. Simon Green, Mitarbeiter am Institute for German Studies der Universität Birmingham, mit der Migrations- und Staatsangehörigkeitspolitik ab. Dr. Simon Green belebt die Untersuchung aus einer neuen Perspektive. Dr. Green untersucht die historische Entwicklung deutscher Migrationspolitik und stellt treffend fest, dass „die

Politikentwicklung auf diesem Gebiet der Realität weiter hinterherhinkt (Schmidt/Zohlnhöfer 2006, S. 132)".

Zweiter Themenbereich des Lehrwerks „Regieren in der Bundesrepublik Deutschland" ist die sozialstaatliche Politik. Prof. Dr. Manfred G. Schmidt führt in dieses Politikfeld mit einer Analyse der zwei großen konkurrierenden Sozialstaatsparteien ein. Anders als zum Beispiel in Großbritannien, wo es mit der Labour Partei nur eine große Sozialstaatspartei gibt, ist der Politikbetrieb in der Bundesrepublik Deutschland zum großen Teil durch die Konkurrenz der beiden Volks- und Sozialstaatsparteien CDU/CSU und SPD geprägt. Manfred G. Schmidt stellt Verbesserungsbedarf fest: Alle früheren Bundesregierungen, egal aus welchem Lager, haben zum Verlust der Einheit von Wirtschafts- und Sozialpolitik beigetragen. Das folgende Kapitel untersucht die deutsche Gesundheitspolitik aus konflikttheoretischer Perspektive. Prof. Dr. Nils C. Bandelow ist Lehrstuhlinhaber für Innenpolitik an der Technischen Universität Braunschweig. Hier legt er eine Umschau deutscher Gesundheitspolitik vor.

Prof. Dr. Günther Schmid widmet sich der deutschen Arbeitsmarkt- und Beschäftigungspolitik und geht dem Ziel der Vollbeschäftigung nach. Der Professor für Politische Ökonomie an der Freien Universität Berlin durchläuft in seinem Kapitel die Wirtschaftswunderjahre nach dem Zweiten Weltkrieg, über die Gefahr von Massenarbeitslosigkeit in den 1960er und 1970er Jahren, die Auswirkungen der Wiedervereinigung auf die Arbeitsmarktpolitik und aus jüngster Zeit die „Reformagenda 2010". Prof. Schmid verwirft schlussendlich das Leitbild der Vollbeschäftigung für die Zukunft.

Ein weniger beachtetes Politikfeld, die Wohnungspolitik, wird von den zwei Autoren, Prof. Dr. Hubert Heinelt und Dr. Björn Egner, behandelt. Der Professor für Öffentliche Verwaltung, Staatstätigkeit und lokale Politikforschung an der TU Darmstadt Heinelt und sein wissenschaftlicher Mitarbeiter Egner geben einen Überblick über die Entwicklung der Wohnungspolitik in der Bundesrepublik Deutschland. Das Fazit der Autoren: die deutsche Wohnungspolitik hat in dieser Zeit einen Wandel von einseitigen rechtlichen und ökonomischen Interventionen zu einem Schwerpunkt auf der Verbesserung von Lebenschancen über die Städtebauförderung erlebt.

Im Anschluss untersucht Dr. Frieder Wolf, Wissenschaftlicher Mitarbeiter im Institut für politische Wissenschaft der Universität Heidelberg, deutsche

Bildungspolitik. Die föderale Struktur der Bundesrepublik hat zu einer Vielfalt im Bildunssektor beigetragen, während der Bund seine Rolle in der Bildungspolitik in den letzten 55 Jahren mit wechselnden Ambitionen erfüllt hat.

Prof. Dr. Klaus von Beyme, einer der bedeutendsten deutschen Politikwissenschaftler, der weltweite Reputation genießt, analysiert für diesen Band die deutsche Kulturpolitik. Prof. von Beyme untersucht dabei staatliche Maßnahmen auf der Ebene der Kommunen, der Länder, des Bundes und der EU und im zweiten Schritt die Vergesellschaftung der Kulturpolitik von unten, durch Entstehung von Soziokulturen und die Vergesellschaftung von oben durch Sponsoren. Die sozialstaatlichen Politikfelder werden mit einem Beitrag von Prof. Dr. Ilona Ostner, Hochschullehrerin am Institut für Soziologie der Universität Göttingen, über die Gleichstellungspolitik Deutschlands abgeschlossen. Die Professorin untersucht den Einfluss der Europäischen Union auf die deutsche Gleichstellungspolitik und stellt eine überragend wichtige Rolle der EU fest: „Ohne die Ausstrahlung der EU, die 'expansive Logik der Integration' […] hätte sich jedenfalls in Deutschland die Gleichstellung als eigenständiges Politikfeld nicht profilieren können (Schmidt/Zohlnhöfer 2006, S.267)". Für die Autorin ist somit deutsche Gleichstellungspolitik nur im Lichte europäischer Gleichstellungspolitik zu betrachten.

Im dritten Abschnitt des Lehrbuches wird staatliche Regulierung von Industrie, Agrarwirtschaft, Infrastruktur und Umwelt der Bundesrepublik durchleuchtet. In dieses Politikfeld einführend, analysiert Prof. Zohlnhöfer die deutsche Wirtschaftspolitik seit 1945.

Prof. Dr. Anke Hassel schließt mit dem großen Themenbereich politischer Regulierung industrieller Beziehungen an. Die Professorin für Public Policy an der Hertie School of Governance in Berlin stellt wenig Reformstreben fest, obwohl sich die Funktionsweise dieses Politikfeldes in den letzten 25 Jahren, hin zu einer Einpassung in den internationalen Wettbewerb, verändert hat.

Mindestens ebenso bedeutet ist die Agrarpolitik für die Bundesrepublik. Prof. Dr. Elmar Rieger von der Universität Bamberg untersucht das Politikfeld hinsichtlich seiner Funktion als Sozialpolitik, im Sinne eines Bauernschutzes, und berücksichtigt den steigenden Stellenwert von Agrarumweltpolitik.

Der Wandel deutscher Verkehrspolitik wird von Prof. Dr. Dirk Lehmkuhl, Lehrstuhlinhaber für Europäische Politik an der Universität St. Gallen, untersucht. Reformwille wurde in der Bundesrepublik lange nicht gezeigt. Es kam, so Lehmkuhl, erst in den 1980er Jahren zu deutlichen Brüchen mit verkehrspolitischen Pfaden, die bis zur Zwischenkriegszeit zurückreichen.

Ein jüngerer Bereich staatlicher Regulierung, die Medienpolitik, wird von den Kommunikationswissenschaftlern Otfried Jarren und Patrick Donges der Universität Zürich bearbeitet. Die institutionell schwache Ausprägung und starke Fragmentierung deutscher Medienpolitik hat seine Ursache in Pfadabhängigkeiten der einzelnen Regelungsbereiche, unterschiedlichen Kompetenzzuweisungen, keine ministeriellen Ausprägungen auf Bundes- und Landesebene und die Aushöhlung nationalstaatlicher Zuständigkeiten durch EU und WTO. Gerade von Seiten der EU sehen die Autoren in Zukunft stärkere Impulse ausgehen, die die Medienlandschaft in Deutschland verändern wird.

Politik zur Lösung von Umweltproblemen hat gerade in den letzten Jahren einen Interessensprung in der Öffentlichkeit erlebt. Diesem Interesse Rechnung tragend, wird das Thema auch eigenständig in dem Band behandelt. Prof. Dr. Martin Jänicke, bis 2002 Professor für Umweltpolitik an der Freien Universität Berlin, leitet in dieses Politikfeld ein und beleuchtet die Umweltpolitik einzelner Regierungen, beginnend bei Brandt, über die Kohl-Regierung, Rot-Grün und schließlich der Großen Koalition. Prof. Jänicke stellt fest, dass Deutschland eines der führenden Länder in der Umweltpolitik ist und den internationalen Lernprozess maßgeblich mitbestimmt hat.

Der abschließende Themenbereich, und in diesem Umfang innovativ für Lehrbücher über das politische System der Bundesrepublik, ist die Betrachtung der internationalen Dimension deutscher Politik. Prof. Dr. Hanns W. Maull, Lehrstuhlinhaber für Internationale Beziehungen und Außenpolitik an der Universität Trier eröffnet diesen Themenbereich mit einer Untersuchung der deutschen Außenpolitik auf Kontinuität und Anpassungsdruck. Die starke Kontinuität in außenpolitischen Fragen lasse sich vor allem durch ein stimmiges Rollenkonzept erklären, dass die seit 1955 gesellschaftlich verinnerlichte außenpolitische Identität Deutschlands befriedigend wiedergab. Prof. Maull fordert für die Zukunft eine konstruktive Führungsrolle Deutschlands bei der Umsetzung einheitlicher europäischer Außenpolitik.

Dr. Wolfgang Wagner und Prof. Dr. Peter Schlotter vom Institut für politische Wissenschaft an der Universität Heidelberg fahren mit der deutscher Sicherheits- und Verteidigungspolitik fort. Die „out of area"-Einsätze der Bundesrepublik und eine

Verlagerung deutscher Sicherheitsinteressen auf die EU-Ebene werden von den Autoren als die grundlegendsten Veränderungen deutscher Sicherheitspolitik seit dem Ende des Ost-West-Konflikts identifiziert. Für die deutsche Verteidigungspolitik gelte außerdem die interessante Erkenntnis: „In allen Fällen wurden sicherheitspolitische Entwicklungen durch christdemokratische Regierungen angestoßen und durchgesetzt, die dann von sozialdemokratischen in ihren Grundzügen fortgesetzt wurden (Schmidt/Zohlnhöfer 2006, S.462)".

Die Europapolitik der Bundesrepublik wird von Prof. Dr. Gisela Müller-Brandeck-Bocquet untersucht. Der Titel „Europapolitik als Staatsraison" deutet die Richtung dieses Kapitels schon an: Bereits zur Gründungsphase in den 1950er Jahren war die europäische Einigung wichtig für die Bundesrepublik. Eine dauerhafte Einbindung Deutschlands in das europäische Gefüge war somit Grundlage für Frieden und Sicherheit in Europa. Die Professorin für Europaforschung und Internationale Beziehungen an der Universität Würzburg untersucht in dem Kapitel Kontinuität und Wandel deutscher Europapolitik unter Kohl und der rot-grünen Koalition.

Der EU-Faktor ist für die deutsche Politik von großer Bedeutung. Dem wird das Lehrwerk mit einem zweiten Kapitel gerecht. Prof. Dr. Tanja A. Börzel, Direktorin des Jean Monnet Center for European Integration, fragt in ihrem Beitrag zu dem Lehrwerk nach der Europäisierung der deutschen Politik. Inzwischen regiert Brüssel in fast alle Politikbereiche der Nationalstaaten mit rein. Dies habe aber bisher die deutsche Politik im Kern nicht gewandelt.

Im Schlusskapitel ziehen die Herausgeber Schmidt und Zohlnhöfer Bilanz. Dabei beziehen sie die wichtigsten Aspekte der jüngeren deutschen Geschichte, also die Folgen der deutschen Einheit und die zunehmende Europäisierung mit ein. Schlussendlich verwerfen sie sowohl die These einer „Erfolgsgeschichte", als auch eines „Misserfolgs". Damit ist das Fazit von Schmidt und Zohlnhöfer abgewogen differenziert und verfällt weder in Jubelchöre noch in die einseitige Unterstreichung von Strukturdefekten.

Die Darstellung einzelner Politikfelder birgt die Gefahr, ein Werk von lose miteinander verknüpften Einzelbeiträgen zu schaffen. Es ist den Herausgebern jedoch gelungen, einen integrierten Sammelband vorzulegen, der durch gemeinsame Fragestellungen nach der Rolle der Parteien, dem Wandel und der Kontinuität durch institutionelle Konstellationen, dem Effekt der deutschen Einheit und den

Auswirkungen der veränderten internationalen Dimension, zusammengehalten wird. Den Autoren ist es auf der anderen Seite gelungen, ihre Beiträge an diesen Fragestellungen auszurichten, ohne sich dabei einzuengen oder die Eigenständigkeit ihres Beitrags zu gefährden. Somit eignet sich der Band in zweierlei Hinsicht: Interessiert sich der Leser nur für ein bestimmtes Politikfeld, kann er, ohne die anderen Kapitel gelesen haben zu müssen, direkt in das gewünschte einsteigen. Ist man jedoch an einer Gesamtschau interessiert, die einem alle wichtigen Politikfelder der Bundesrepublik Deutschland in einer geschlossenen Weise beibringt, ist dieser Band auch als solches geeignet.

Wie schon festgestellt, decken die Professoren Schmidt und Zohlnhöfer mit ihrem Band die wesentlichen innenpolitischen Themenbereiche ab, die für das Regieren in der Bundesrepublik von Bedeutung sind. Dass den sozialstaatlichen Politikfeldern ein ganzer Abschnitt gewidmet wurde, berücksichtigt das hohe Interesse der Bevölkerung an diesen Themen und die Relevanz dieser Politikfelder in einem sozialdemokratischen Staat. Sieben Kapitel behandeln Fragen der Gleichstellungs-, Gesundheits- oder Wohnungspolitik. Das verdeutlicht noch einmal: ein großer Teil des Regierens in der Bundesrepublik Deutschland ist Sozialpolitik. Diese Relevanz wird von vielen anderen Lehrwerken dem Bereich der Sozialpolitik nicht so stark eingeräumt. Doch die Quantität der Kapitel über Sozialpolitik ist gerechtfertigt. Der zweite auffallend große Schwerpunkt, die auswärtige Dimension, ist gegenüber vielen anderen Lehrbüchern ebenfalls ausführlicher betrieben worden. Damit berücksichtigen die Herausgeber eine zunehmende Europäisierung und Internationalisierung deutscher Politik, die andere Lehrbücher bisher vernachlässigt haben. Dementsprechend kleiner fällt der Themenbereich der deutschen Wirtschaftspolitik aus. 30 Seiten werden einem generellen Überblick über die deutsche Wirtschaftspolitik zur Verfügung gestellt, auf knappen 18 Seiten wird die politische Regulierung industrieller Beziehungen abgehandelt und dem Umbruch in der Agrarpolitik werden noch einmal 30 Seiten eingeräumt. Andere Hand- und Lehrbücher stellen diesen klassischen, aber wichtigen Politikfeldern mehr Seiten zur Verfügung.

Insgesamt liefern die Macher aber ein Lehrwerk ab, dass für jede Einführung in das Regieren der Bundesrepublik oder einen schnellen Überblick hervorragend geeignet ist. Die Auswahl der einzelnen Beiträge und ihrer Verfasser wird dem hohen Anspruch eines Lehrwerks gerecht. Für jeden Teilbereich wurden Professoren und

Experten der jeweiligen Politikfelder ausgewählt, denen es gelungen ist, in kurzen Beiträgen zentrale Punkte anzusprechen. Die Auswahl von Hochschullehrern trägt dazu bei, dass dieser Band trotz der Kürze jedes einzelnen Beitrags verständlich und anregend formuliert ist. Die einzelnen Autoren wählen eine verständliche Sprache und ansprechende Präsentationsweise. Ignorieren kann man aber nicht, auch wenn das eine Eigenart von Lehrwerken ist, dass auf knappen 20 Seiten pro Politikfeld wirklich nur eine kurze Einführung vollbracht werden kann. Einige Autoren haben den Pfad einer generellen Einführung verlassen und spannende Einzelbereiche angesprochen. Damit ist das Buch mehr als ein Überblicksband. Jeder einzelne Beitrag kann somit als Anfangspunkt einer vertiefenden Recherche verstanden werden. In der jeweiligen Literaturliste lassen sich dann eine Fülle von Texten finden, die der Vertiefung dienen. Der Band bewährt sich als Lehrwerk, aber auch als Handbuch für alle Politikinteressierte, da es alle wichtigen Information auf einen Blick bereithält.

Nach nunmehr fünf Jahren seit Veröffentlichung wäre eine überarbeitete zweite Auflage erfreulich. Während der Band von 2006 zeitlich mit dem Ende der rot-grünen Koalition schließt und Handlungsempfehlungen für die große Koalition aussprach, wäre eine Policy-Analyse der Großen Koalition und auch der ersten Jahre schwarz-gelber Politik in diesem Lehrwerk eine interessante Erweiterung. Abschließend lässt sich somit festhalten, dass für Studenten der Politikwissenschaft und für die interessierte Leserschaft dies ein Einführungswerk auf der gleichen Ebene mit den gängigen Standardwerken des politischen Systems der Bundesrepublik Deutschland ist.